QUELQUES PARTICULARITÉS

SUR LE

MOUVEMENT DE LA POPULATION

Dans le département de l'Yonne,

Par M. le docteur DUCHÉ, d'Ouanne.

I.

On s'est préoccupé dernièrement des recherches qui ont été faites par quelques physiologistes au sujet de la prédominance des naissances féminines dans certaines contrées et dans certaines conditions. Cette question n'est pas sans intérêt ; nous commencerons par en entretenir nos lecteurs.

On sait que l'inégalité de proportion dans les naissances des deux sexes est une loi générale de la nature qui s'observe chez tous les peuples connus. — D'après un calcul basé sur les quarante-trois années comprises entre 1816 et 1860, on a constaté que les naissances des filles sont à celles des garçons comme 16 est à 17, c'est-à-dire que les naissances des garçons excèdent d'un seizième celles des filles.

Cet excédant est moindre pour les naissances des enfants naturels : la différence n'est que d'un vingt-cinquième en faveur des garçons.

Ces rapports ne sont pas constants à toutes les époques et dans toutes les parties de l'empire français. — Ainsi, dans l'ancienne France, avant 1789, d'après des recherches que nous avons sous les yeux, les généralités de La Rochelle, Montauban, Montpellier produisaient un treizième en moyenne de garçons de plus, tandis que les généralités de Paris et de Rouen avaient un trentième seulement d'excédant de naissances mâles : la moyenne pour toute la France était d'un seizième comme aujourd'hui.

On a constaté aussi que depuis 1817 le rapport des naissances des deux sexes avait graduellement baissé, et si ce mouvement continue dans le même sens, il est certain qu'au bout d'un certain nombre d'années que l'on peut calculer, la balance s'établira entre la production des garçons et des filles.

Pendant la période de 1817 à 1859, il est arrivé soixante-cinq fois que les naissances annuelles des filles ont surpassé celles des garçons dans des départements français. La Corrèze a présenté six fois cette exception, les Basses-Alpes cinq fois, les Hautes-Alpes, la Corse, Lot-et-Garonne, chacun quatre fois, l'Yonne deux fois seulement.

Une remarque assez curieuse, et qui a été faite déjà vers la fin du xviiie siècle et renouvelée dans ces derniers temps, c'est que la partie nord de la France est moins fournie de population mâle que la partie méridionale. On trouve que la demi-France du nord a 234,567 hommes de moins, et la demi-France du sud 40,859 hommes de plus que l'égalité. Il faudrait rechercher la cause de ce singulier phénomène.

Dans le département de l'Yonne, la différence des rapports est faible. Ainsi, dans la dernière période de 1856 à 1860, pour 100 filles il est né environ 101 garçons, tandis que pour la France entière il en a été produit 105.

Si nous consultons nos arrondissements, nous trouvons par ordre décroissant : Sens qui donne 103, Tonnerre 102, Avallon 101, Auxerre 101 et Joigny 100, ainsi, à une légère fraction près de 05 centièmes, l'arrondissement de Joigny est arrivé au pair : il résulte même du mouvement de sa population que dans les années 1857, 1858 et 1859, il a fourni un contingent inférieur de garçons.

Mêmes résultats pour les enfants naturels dans l'Yonne : tandis qu'il naît pour toute la France 102 garçons pour 100 filles dans cette catégorie de l'état civil, l'Yonne arrive à peine à la balance, car dans les cinq dernières années dont nous avons déjà parlé il est né 877 garçons et 878 filles.

On a voulu expliquer le sexe des enfants par l'âge des époux. On a dit, et quelques recherches ont été faites à ce sujet par plusieurs savants distingués, que lorsque deux parents sont du même âge ou à peu près, le sexe féminin prédomine dans les naissances ; même résultat, si le père est moins âgé que la mère ; naissances du sexe masculin au contraire, lorsque le père est plus âgé que la mère. Ces données sont très-contestables, et il faudrait des relevés sur une large échelle pour autoriser une conclusion.

La statistique nous apprend encore que la prédominance des garçons est plus caractérisée dans les campagnes que dans les villes et qu'elle diminue en raison de l'agglomération des populations. Est-ce à dire que la procréation des mâles est une marque de virilité plus grande dans ces populations ? Et la prédominance des naissances féminines serait-elle un symptôme de décadence ? Nous ne saurions résoudre ce problème épineux.

Ecoutons à ce propos un judicieux économiste :

« Quoi qu'il en soit de ces explications, dit M. Guillard, l'universalité de la prépondérance des naissances mâles, démontre une loi, qui partout tend à restaurer et conserver le sexe le plus exposé à une mort prématurée, soit par les rudes travaux et l'emportement des passions, soit par l'organisme même. Quelle est la force mystérieuse, qui prend un soin si vigilant de réparer les fautes des hommes et de ramener l'égalité propice à l'ordre moral ? Ne serait-il pas puéril d'attribuer un si grand et si constant effet au caprice des individus, et de dire qu'il y a prépondérance de naissances mâles parce que les parents s'arrêtent devant la multiplication des filles ? ce motif agirait-il avec une telle universalité sur les classes nombreuses qui ne soutiennent leur vie que par le travail ou le service d'autrui, et qui n'ont pas plus de difficulté à trouver du travail ou du service pour leurs fils que pour leurs filles ? Agirait-il aussi sur les serfs de la Russie qui n'ont responsabilité ni de leur personne ni de leur progéniture, et qui n'ont de l'avenir ni souci, ni prévoyance, puisque leur propriétaire les entretient et les nourrit, comme chose qu'il a intérêt à conserver, comme nécessaire instrument de son activité ? Pour nous, nous croyons qu'il faut attribuer un effet général à une cause générale, un effet irrésistible à une cause toute puissante, un effet calculé pour atteindre un but à une cause intelligente. C'est pourquoi chaque découverte d'une loi nouvelle nous démontre une fois de plus qu'il existe une intelligence supérieure à celle dont l'homme se glorifie. »

Les naissances illégitimes ont un rapport plus ou moins élevé avec les naissances en général, selon les milieux sur lesquels on opère : ainsi, dans ces dernières années, sur 100 naissances, on constate pour les départements 24 enfants naturels. Pour la population urbaine de la France 12, et pour la population rurale 4, et enfin près de 8 en moyenne pour la France entière.

Voici les résultats de 1856 à 1860 pour le département de l'Yonne. L'arrondissement de Joigny donne pour 100 enfants légitimes 5,83 naturels, celui de Sens 5,40, celui d'Auxerre 3,86, celui d'Avallon 2,34, et celui de Tonnerre, 2,31.

Le nombre des enfants naturels se compare également à celui des enfants légitimes sous un autre point de vue. Ainsi, pour la France entière, on compte environ 12 enfants légitimes pour un enfant naturel, pour le département de l'Yonne, on en compte 22,95 en moyenne, et en poursuivant ces recherches dans les arrondissements il s'en trouve 17 pour Joigny, 18 pour Sens, 25 pour Auxerre, 43 pour Avallon et pour Tonnerre.

Si l'on veut donc mesurer la moralité respective de nos arrondissements à la proportion des naissances illégitimes, on pourra conclure en faveur des arrondissements de Tonnerre et d'Avallon. L'honorable M. Raudot y trouvera du moins une compensation raisonnable à la décadence numérique qu'il déplore dans son arrondissement.

Morts-nés. On désigne ainsi des enfants morts avant et pendant l'accouchement, ou dans les trois jours qui précèdent la déclaration à l'état-civil.

En comparant les morts-nés ainsi définis, dit M. Legoyt,

à l'ensemble des naissances dont il fait partie, on obtient pour la France entière les résultats suivants :

Années.	Naissances totales.	Morts-nés.	Morts-nés pour 100 naissances.
1851	1,011,572	31,665	3,13
1852	1,002,981	37,901	3,78
1853	975,631	38,664	3,96
1854	763,329	39,778	4,13
1855	940,349	38,013	4,04
1856	992,002	40,786	4,11
1857	982,614	41,905	4,26
1858	1,013,095	43,752	4,31
1859	1,064,416	46,520	4,37

Ainsi, continue M. Legoyt, soit par le fait d'accroissement des naissances hors mariages qui donnent, comme on le verra, un plus grand nombre de morts-nés que les naissances légitimes, soit parce que les instructions plus précises de l'administration ont amené une plus grande exactitude dans leur constatation, le nombre des décès paraît s'accroître, insensiblement, il est vrai, mais presque sans interruption.

En faisant pour le département de l'Yonne le relevé de 23 années, soit depuis 1839, époque à laquelle on a commencé à séparer les morts-nés des autres décès sur les mouvements officiels de la population, jusqu'à 1861 inclusivement, nous trouvons en moyenne, et en chiffres ronds :

De 1839 à 1845. . . 20
De 1846 à 1850. . . 25   Morts-nés pour
De 1851 à 1856. . . 34   1,000 naissances.
De 1858 à 1861. . . 38

Ces chiffres nous prouvent que la proportion des morts-nés aux naissances s'est élevée progressivement dans l'Yonne comme dans la France entière, mais à un degré moindre relativement. Il y aurait quelqu'intérêt à rechercher la part de chaque arrondissement en particulier, mais il est probable qu'elle est d'autant plus grande pour chaque portion de notre département que la population y est plus agglomérée et qu'il s'y produit un plus grand nombre de naissances illégitimes. C'est ainsi que, pour la France entière, tandis que le nombre des morts-nés est d'environ 40 sur 1,000 naissances légitimes, il monte à 75 sur 1,000 naissances naturelles. Dans le département de la Seine, par exemple, région exceptionnelle, il est vrai, on constate 68 morts-nés pour 1,000 naissances : 53 pour la population urbaine et 37 pour la population rurale.

Il existe une grande différence entre les divers départements de la France relativement à la réussite des naissances.

Les départements qui enregistrent le plus de morts-nés, sont :

Seine.	Haut-Rhin.	Seine-Inférieure.
Meurthe.	Rhône.	Tarn-et-Garonne.
Vosges.	Nord.	Finistère.
Bouches-du-R.	Marne.	Ardennes.
Basses-Alpes.	Aisne.	Var.
Sarthe.	Doubs.	Mayenne.
Côte-d'Or.	Aube.	

On ne peut méconnaître ici l'influence des grandes villes et des manufactures où la santé publique éprouve toujours des atteintes plus ou moins fâcheuses. Quant aux autres départements, où ces conditions ne semblent pas exister, il faudrait rechercher s'ils ne sont pas modifiés par une autre cause. La question de race peut avoir son influence. Toutes choses égales d'ailleurs, les départements qui offrent la vie moyenne la plus longue doivent être les moins chargés de morts-nés, parce que les naissances y sont généralement moins nombreuses que dans ceux où la vie moyenne est moins étendue. Ainsi la Seine qui a la vie moyenne la plus réduite donne le chiffre le plus élevé des morts-nés.

Mais il ne faut pas se faire illusion sur les données qui ressortent des relevés de l'état-civil ; l'inscription des morts-nés doit subir des variations excessives suivant les localités. L'ignorance ou l'incurie peuvent très-bien atténuer de beaucoup les résultats des inscriptions, surtout dans les communes rurales où parfois les lumières font entièrement défaut. Comment croire par exemple que le Gers, le Cantal, la Lozère, la Vendée, le Lot, le Tarn, l'Ardèche, la Corrèze, l'Aveyron, les Landes, la Creuse et les Basses-Pyrénées soient les départements où précisément les morts-nés sont plus rares ?

Cependant en y réfléchissant bien, ne serait-il pas possible d'expliquer jusqu'à un certain point ce résultat. La santé des populations a des rapports incontestables avec le milieu dans lequel elles vivent, avec les conditions d'existence, de travail, de bien-être ou de souffrance où elles sont placées. La rustique habitante des montagnes aura plus de chance de devenir mère avec succès que la pâle et chétive ouvrière de nos manufactures, la paisible ménagère de nos bourgades que la femme du monde emportée par le torrent des passions et des plaisirs. Il n'est donc pas surprenant que certaines contrées départementales soient favorisées au point de vue des succès des naissances si ces mêmes contrées fournissent à l'homme les meilleurs éléments de bien-être physique et moral.

Il ne faut pas se le dissimuler, avec les progrès si variés de la civilisation, et par progrès nous entendons ici l'évolution bonne ou mauvaise des mœurs et des habitudes sociales, la santé publique éprouve des revers qui ont leur retentissement sur la quantité et sur la qualité des naissances. A défaut de mieux, la statistique fidèle des morts-nés doit nous donner une juste idée de la bonne ou de la mauvaise constitution d'une population. Les fruits du mariage sont en rapport direct avec la santé des époux : tels arbres, tels fruits. Là où vous constaterez la multiplicité des avortements spontanés, dites à coup sûr qu'il existe une dégénérescence. L'hérédité joue son rôle fatal, et c'est un des procédés admirables de la nature qui, après avoir frappé l'enfant dans le sein de la mère maladive, finit par frapper la mère elle-même de stérilité.

Dans un travail ultérieur nous poursuivrons, en ce qui concerne plus spécialement le département de l'Yonne, nos recherches et nos commentaires sur les mariages et les décès et sur les rapports qui existent entre les naissances et la population, entre les décès et les naissances, entre ces derniers et les mariages, et nous arriverons à prouver que notre beau département occupe une place honorable dans l'échelle comparée du mouvement de nos populations départementales.

II.

Plusieurs causes peuvent exercer une influence sur le nombre des mariages dans une région et dans une période données.

Il existe des causes générales et permanentes, telles que les conditions inhérentes aux milieux habités, celles qui favorisent l'accroissement de la vie moyenne, celles qui dépendent de l'état agricole, industriel et commercial des populations.

D'autres sont purement accidentelles ; par exemple : les crises commerciales et industrielles, les épidémies meurtrières, la guerre, les troubles politiques, etc., etc.

De 1800 à 1850 la moyenne annuelle s'est élevée à un mariage sur 127 habitants pour la France entière. De 1851 à 1860 cette moyenne a été d'un mariage sur 126 habitants. Légère augmentation dans cette dernière période.

Notre département a eu en moyenne, de 1856 à 1860, un mariage pour 127 habitants. Ce chiffre n'est plus le même si l'on passe en revue chacun de nos arrondissements : Voici les résultats constatés dans chacun d'eux pour la même période de cinq années :

Avallon, un mariage sur 136 hab.
Tonnerre, sur 130
Auxerre, sur 127
Joigny, sur 126
Sens, sur 120

Si du nombre des mariages on passe à leur fécondité, on trouvera des résultats d'un intérêt plus grand. Il résulte des recherches de M. Legoyt que cette fécondité a beaucoup diminué de 1800 à 1860.

Dans les cinq premières années de ce siècle elle était de 4,24 enfants par mariage en France, dans la période de 1846-1850, de 3,14, en 1858 de 2,91, et de 3,07 en 1860.

Si l'on compare cette fécondité décroissante de la première moitié du XIX⁰ siècle à la fécondité signalée de 1778 à 1787, on y verra que dans la totalité du royaume un mariage répondait à 4 naissances un cinquième, ou que 10 mariages donnaient 42 extraits baptistères. Ce chiffre montait à plus de 5 par mariage dans les généralités d'Alençon, de Metz et de Nancy, et descendait à moins de 4 dans plusieurs autres provinces.

Le département de l'Yonne, d'après un relevé que nous avons sous les yeux, a été parfaitement doté sous le rapport des naissances dans les 4 premières années de ce siècle. Il a offert 5 naissances pour un mariage. A partir de 1804, ces chiffres proportionnels ont varié : ils semblent, jusqu'à un certain point, le reflet des événements politiques. Ainsi nous trouvons, pour 1808, le rapport *d'une* naissance pour un mariage, exemple inouï peut-être dans les fastes de la nation française. Les guerres de l'Empire étaient alors à leur apogée : le même chiffre se présente en 1813, époque de nos plus grands malheurs. Les exigences de la conscription furent telles pendant cette année désastreuse, que le nombre des mariages fut presque doublé. Il y avait un empressement vertigineux à se soustraire aux exigences de la situation. Aussi l'année 1814 est signalée par une réaction prodigieuse en sens contraire : on y constate 6 naissances pour un mariage. De 1817 à 1820, le besoin de réparer nos pertes sur les champs de bataille se fait sentir : la proportion se maintient pendant ces 4 années à 4 enfants pour un mariage ; c'est le même rapport que pour la France entière à cette période.

A partir de 1820, la fécondité des mariages a progressivement diminué ; elle est tombée à 3 et une fraction de 1825 à 1835, à 2 et une fraction de 1836 à 1848 : c'était une moyenne inférieure à la moyenne générale de la France.

De 1856 à 1860, l'Yonne a donné un rapport moyen de 2,89 naissances par mariage. La proportion la plus élevée appartient à l'arrondissement de Joigny qui donne 3,04; la plus faible à celui de Tonnerre qui tombe à 2,69.

La même diminution de la fécondité des mariages par le rapport des naissances a été observée pour toute la France.

Voici à ce sujet quelques considérations présentées par M. Legoyt, chef de la statistique générale; elles sont trop importantes pour que nous ne nous empressions pas de les mettre sous les yeux de nos lecteurs :

« La diminution du nombre des enfants par mariage ne pouvant être attribuée à un affaiblissement de la fécondité naturelle, il convient d'en chercher les causes ailleurs. A nos yeux, les causes sont surtout économiques. Et d'abord, il importe de remarquer que le phénomène qui nous occupe se produit beaucoup plus dans les grandes villes que dans les localités de moindre importance. Il se manifeste donc de préférence dans un milieu où les besoins de la vie matérielle s'accroissent sans relâche, et déterminent le développement sous toutes les formes, de l'esprit de prévoyance; or, le progrès des agglomérations urbaines est rapide et considérable en France. Cette tendance chaque jour plus marquée à proportionner ses charges à ses ressources, et par conséquent à n'accroître la famille que dans la mesure des moyens d'existence n'est pas, à nos yeux, le résultat d'un calcul égoïste. Elle nous paraît prendre sa source dans un sentiment plus élevé ; c'est la sollicitude de plus en plus éclairée et bienfaisante des parents jaloux d'assurer à leurs enfants la plus grande somme de bien-être possible, d'abord par une éducation plus libérale, mais aussi plus coûteuse que par le passé, puis par une administration sévère de la fortune commune. A leur tour, les enfants, pénétrés de la nécessité de ne former un établissement qu'après avoir organisé les moyens de faire face à ses exigences, et tenant compte, en outre, de cette circonstance que les progrès de la longévité générale ne leur permettent pas de prévoir l'époque probable de l'ouverture de la succession paternelle, ne s'engagent que tardivement dans les liens du mariage. De là, au moment où il s'accomplit, un âge relativement avancé, et par suite une moindre fécondité. Aussi constate-t-on en France, au grand profit de l'humanité, la diminution de ces mariages précoces, si communs autrefois, dont les nombreux enfants, nés dans les plus fâcheuses conditions de viabilité, étaient moissonnés par la misère et la maladie dès leurs plus tendres années.

« Le progrès de l'aisance générale n'est pas étranger d'ailleurs à ce ralentissement du progrès de la population en France. Une observation aussi ancienne que le monde montre, en effet, que le bien-être engendre en quelque sorte l'ordre et l'économie. L'indigence seule est imprévoyante, et les membres les moins laborieux, les moins intelligents des classes ouvrières n'en fournissent que trop la preuve, à la fois par de funestes habitudes d'intempérance, et par la déplorable insouciance avec laquelle ils ajoutent aux charges d'une famille qu'ils seront bientôt impuissants à soutenir. »

Tout le monde appréciera ces judicieuses réflexions.

Il est certain que les influences signalées par le savant économiste que nous citons dominent toutes les autres. Nous ne nous occuperons pas ici des faits de l'ordre purement moral qui ont été mis en avant par quelques honorables publicistes, telle que la perte du sentiment religieux, les progrès de la prostitution, l'abandon croissant du foyer conjugal au profit d'unions illicites, ou des faits du domaine de l'hygiène publique, tels que la dégénérescence dans certaines classes et dans certaines familles, et la stérilité plus commune qui en est la conséquence. Toutes ces causes peuvent avoir leur poids relatif dans la balance, mais ce n'est pas le lieu de nous en occuper ici.

Si des mariages et de leurs rapports avec les naissances, nous passons aux décès, nous trouvons que dans la période de 1856 à 1860 le département de l'Yonne a enregistré une moyenne de 8,295 par année. C'est une forte proportion, eu égard à la moyenne des années antérieures, à l'exception néanmoins de 1849 à 1854 où le choléra fait monter les décès au chiffre moyen de 11,488, c'est-à-dire plus d'un tiers en plus de la moyenne ordinaire.

Le chiffre des décès de 1859 monte à 10,066. C'est encore une année fatale à la population de l'Yonne où les décès ont excédé les naissances de 1,089.

Dans cette période de cinq années, plusieurs de nos arrondissements ont eu à déplorer cet excédant de décès sur les naissances. Avallon est le plus chargé, quatre fois sur cinq la dépopulation s'est accomplie dans son sein, trois fois sur cinq pour celui de Tonnerre, deux fois pour celui d'Auxerre, une fois seulement, en 1859, pour Sens et Joigny.

En somme, et grâce aux compensations des années

moins calamiteuses, le département de l'Yonne, pendant la période 1856-1860, a eu 989 décès pour 1,000 naissances, tandis que l'arrondissement d'Avallon, durant la même période et pour le même nombre de naissances, a eu 1,173 décès. Il n'y a donc pas à s'en prendre à l'émigration seulement quand on recherche les causes de l'abaissement du chiffre de la population de l'Avallonnais, qui a été constaté déjà par l'honorable M. Raudot, avec tant d'amertume.

Voici, par ordre progressif, le nombre des décès sur 1,000 naissances, pendant la période qui nous occupe en ce moment, dans chacun de nos arrondissements :

Arrond. de Sens, sur 1,000 naissances, 933 décès.
— Joigny, 947
— Tonnerre, 978
— d'Auxerre, 997
— d'Avallon, 1,173

Notons en passant que les arrondissements de Joigny et de Sens, déjà favorisés par le rapport plus élevé de leurs naissances, le sont encore par les chiffres plus abaissés de leurs décès. Ces deux circonscriptions jouissent de certaines immunités au point de vue des épidémies qu'il ne serait pas sans intérêt d'étudier ; ensuite leurs conditions économiques et géologiques diffèrent essentiellement de celles des autres arrondissements. Nous signalons ces résultats à l'attention des observateurs. Nous y reviendrons nous-même dans un travail plus spécialement pratique.

Le malheur qui a frappé le département de l'Yonne en 1859 a été général pour un grand nombre de départements. Les décès pour toute la France ont atteint le chiffre énorme de 979,333, qui n'a été dépassé que par celui de 1854, qui était de 992,779.

En 1859 la France a perdu un individu sur 37 habitants.

Le département de l'Yonne un individu sur 37 habitants.

C'est un rapport qui n'avait été dépassé qu'en 1854 où l'on constate un décès sur 36 habitants.

L'époque la plus florissante pour la population de l'Yonne a été de 1841 à 1845 où l'on ne trouve qu'un décès sur 47 habitants.

— Enfin nous recherchons, pour terminer cette série de combinaisons statistiques, quels ont été les rapports des naissances à la population dans le département de l'Yonne, et dans nos cinq arrondissements pendant la période 1856 à 1860.

Il résulte de ces investigations que le rapport des naissances à la population a été en moyenne de 44 pour tout le département.

Or, si l'on veut bien se rappeler que les économistes modernes ont cru devoir adopter cette base de calcul pour reconnaître le chiffre de la vie moyenne des habitants d'une circonscription donnée, on saura que, dans ce département, et de 1856 à 1860, la vie moyenne a été de 44 ans.

Nous avons publié, dans l'*Annuaire de l'Yonne* et dans le *Bulletin de la Société médicale de l'Yonne*, des recherches sur la vie moyenne comparée dans les 37 cantons du département de l'Yonne, et récemment dans le dernier *Bulletin de la Société médicale* une étude complète sur le même sujet dans nos 482 communes. Ces documents nous apprennent que la vie moyenne, calculée d'après cette même base, a été pour l'Yonne, de 1801 à 1825, de 31 ans, de 1826 à 1851 de 39 ans.

La voilà donc élevée à 44 ans à un intervalle qui a été tristement célèbre par des épidémies et des guerres meurtrières.

Comment se fait-il que la vie moyenne s'élève par l'augmentation des décès et la diminution de la population ?

C'est à la diminution de naissances que doit se rapporter cet étrange résultat. En effet, dans l'opération proposée pour trouver la durée de la vie moyenne, il s'agit de diviser le nombre des naissances par la population totale. — Plus le diviseur sera faible relativement au dividende, plus le quotient sera considérable ; c'est ce qui revient à dire : moins il y aura de naissances sur une population donnée, plus la vie moyenne semblera allongée.

Il se fait ici dans la pensée des économistes un raisonnement spécieux. Ils calculent que plus il y a de décès en général, plus il y aura de naissances consécutives, parce qu'il existe un principe en démographie qui prétend que *la mort appelle la vie*. Ce principe est excellent comme conservateur des populations; mais est-il toujours vrai ? Non certainement, puisque nous en avons de tristes exemples sous les yeux et que les naissances ne viennent pas toujours en proportion des décès.

Voici pour nos arrondissements, et par ordre décroissant, la durée de la vie moyenne de 1856 à 1860 :

Arrondissement de Sens, 41 ans.
— de Joigny, 42
— d'Auxerre, 45
— d'Avallon, 47
— de Tonnerre, 48

Ainsi, d'après ces données, les arrondissements de Sens et de Joigny qui sont les plus florissants eu égard à leurs naissances et aux progrès de leur population, sont les moins riches en vie moyenne, et les arrondissements d'Avallon et de Tonnerre qui ont subi la plus sensible dépression de leur population ont une augmentation notable de la durée de la vie moyenne.

Pour démontrer plus clairement ces résultats, il nous suffira de mettre en évidence les pertes relatives à chaque arrondissement, depuis le recensement de 1851, époque où la population de l'Yonne était à son maximum d'accroissement, jusqu'au recensement de 1861.

On y verra qu'il s'y est produit, pendant ces dix années, un déficit :

Pour l'arr. de Sens, de	212 hab.,	soit 1 sur	315
— de Joigny, de	1,911	—	52
— d'Auxerre, de	2,617	—	46
— d'Avallon, de	2,852	—	17
— de Tonnerre, de	3,240	—	14

Ces chiffres sont assez éloquents par eux-mêmes; ils démontrent que les arrondissements les plus maltraités, soit par les décès, soit par l'abaissement des naissances, offrent le taux le plus élevé de la vie moyenne.

En comparant ces résultats avec ceux que l'on a constatés pour la France entière, nous trouvons que la durée de la vie moyenne en France a produit son chiffre le plus élevé en 1855 où elle était de 40 ans.

Or, l'année 1855 est l'époque où les naissances s'abaissent au minimum le plus absolu depuis le commencement de ce siècle et où les décès de 1854 et 1855 arrivent à la moyenne la plus élevée depuis 50 ans. Il devient donc évident que les années calamiteuses peuvent produire artificiellement un allongement de la vie moyenne.

L'année 1859 a été désastreuse également au point de vue des décès ; mais dans le cours de cette même année, les naissances ont atteint le chiffre le plus élevé qui ait été constaté en France jusqu'à ce jour, celui de 1,017,896.

Aussi la vie moyenne, de 40 ans qu'elle était en 1855, est tombée à 35 ans en 1859.

Quelle conclusion tirer de tous ces faits, en apparence si contradictoires ?

Est-il préférable de voir la population s'accroître aux dépens de la vie moyenne, ou la vie moyenne augmenter aux dépens de la population ?

Tels sont les termes dans lesquels se poserait le problème, si la *vraie vie moyenne* s'obtenait par le rapport de la population aux naissances.

Nous croyons, quant à nous, que les périodes mauvaises qui viennent de s'écouler pour la France, et pour notre département en particulier, ont singulièrement compromis la solidité des bases adoptées par les économistes qui recherchent la mesure de la vitalité des populations.

Les décès excessifs, l'émigration, l'abaissement de la quotité des naissances, toutes ces causes simultanées et intervenues à des degrés divers, pour chacun de nos arrondissements, jettent le trouble et la confusion dans les calculs.

Jusqu'à plus ample informé, nous devons déplorer les pertes éprouvées par nos populations, soit par l'excédant de décès, soit par la diminution des naissances. Nous savons très-bien que quelques penseurs qui s'occupent de démographie regardent l'allongement de la vie moyenne comme le véritable progrès absolu. Mais si ce progrès doit s'accomplir aux dépens de la fécondité des mariages, le progrès marchant toujours son train il arriverait une époque où la solitude se ferait dans nos contrées, si florissantes aujourd'hui, et qui, pour se maintenir dans cette prospérité, ont besoin de forces toujours renaissantes.

Espérons donc que l'avenir réparera les dommages éprouvés par les arrondissements de Tonnerre et d'Avallon, que l'arrondissement d'Auxerre récupérera sa population primitive, et que ceux de Sens et de Joigny continueront à marcher dans la bonne voie.

APPENDICE

AUX MÉMOIRES SUR LA VIE MOYENNE ET LE MOUVEMENT DE LA POPULATION DE L'YONNE.

Nous croyons devoir reproduire ici, à titre de renseignement, une lettre qui nous a été adressée par M. le docteur Bertillon, de Versailles, en réponse à l'envoi que nous lui avions fait de nos études sur la vie moyenne et sur le mouvement de la population de l'Yonne. La compétence de ce savant confrère en matière de statistique humaine est trop généralement connue, pour que nous résistions au désir de lui céder la plume dans une question aussi litigieuse que celle que nous avons abordée dans cette enceinte.

La vie moyenne ! s'est-on bien entendu jusqu'à ce jour sur la valeur de cette expression si fréquemment proclamée ? N'est-il pas juste, avant de pousser plus avant le débat, d'établir l'unité de langage, et de mettre en harmonie l'idée et les mots.

La science moderne, à la recherche de tout progrès social, a voulu se rendre compte des modifications qui se produisent dans la durée de la vie de l'homme selon les temps et les lieux, et mille autres conditions dont nous n'avons pas à nous occuper en ce moment.

Elle a donc demandé à tel ou tel procédé statistique la solution de cet important problème.

Plusieurs économistes de grande autorité ont pensé, dans ces derniers temps, que le rapport des naissances à la population, traduisait assez fidèlement ce que l'on est convenu d'appeler *la vie moyenne*. Ils ont présenté des résultats déduits de cette base aventureuse, et ils s'est rencontré des affirmations tellement inattendues dans les travaux de quelques-uns d'entr'eux, qu'il a fallu de toute nécessité descendre plus avant dans la question et s'assurer qu'il n'y avait pas quelque malentendu.

En effet, nous avons démontré, dans nos recherches sur la vie moyenne comparée dans les cantons et les communes de ce département, que le rapport des naissances à la population présentait un chiffre d'autant plus élevé que la mortalité avait été plus considérable et l'abaissement des naissances plus prononcé. — Ce genre de progrès de la vie moyenne nous a paru très-affligeant, et nous n'avons pu nous empêcher de jeter un cri de douleur en proclamant ces résultats extraordinaires. La méthode que nous avons employée était-elle défectueuse ? Nous en avions la conscience en terminant notre travail, et la lettre de M. Bertillon est venue nous la confirmer pleinement. Voici sa lettre :

LETTRE DE M. LE DOCTEUR BERTILLON
SUR LA VIE MOYENNE.

« Mon cher et honoré confrère,

« Il y a bien longtemps que vous avez l'obligeance de m'envoyer vos persévérants et utiles travaux de statistique humaine. Personne n'apprécie plus que moi ce genre de publication et il y a longtemps que je voulais vous écrire pour vous féliciter ; mais il fallait que je mêlasse une critique, et une critique fondamentale, à mes félicitations. — Or, une critique demande des prémisses et une longue discussion, et le temps me manque toujours pour ce faire.

« Mais voilà que vous semblez, dans votre dernier et important travail (*Recherches sur la vie moyenne et sur le mouvement de la population de l'Yonne*), voilà, dis-je, que vous semblez découvrir que vous avez employé une méthode usitée, mais défectueuse. Je me contenterai donc de vous formuler ma critique.

« Vous doutez, médecin, que la vie moyenne se proportionne véritablement au bien-être des populations ! Ce n'est pas de cela qu'il faut douter, honoré confrère, c'est de la prétendue vie moyenne basée sur le rapport des naissances à la population.

« Je sais que cette erreur n'est pas vôtre ; qu'un certain nombre d'économistes, séduits par le fréquent voisinage du rapport des naissances à la population et de l'âge moyen des décédés, ont cru pouvoir prendre l'un pour l'autre. — Mon parent et ami, M. Gaillard, est venu, par son talent d'écrivain et son énergique conviction, donner une nouvelle force à cette erreur qui, pourtant, ne soutient pas la moindre discussion mathématique. Je vous donne cela comme absolument certain, et je le démontrerai un de ces jours. — La vie moyenne, telle que l'ont entendue les grands mathématiciens qui ont créé cette valeur (Bernouilly, Halley, Laplace, etc.,) *ne peut se calculer que sur une table de survie*, et la table de survie, elle-même, ne peut être dressée que par les méthodes données par Quiételet (commiss. de la stat. Belge), employées également par W. Farr, et qui consistent à comparer, âge par âge, une mortuaire avec des recensements bien faits ou suffisamment rectifiés. — On trouve la mortalité propre à chaque âge dans la période étudiée; avec ces coëfficients de la mortalité propre à chaque âge, on peut construire une table de survie, et sur cette table on calcule l'âge que chacun a vécu ; et l'âge moyen des décédés de cette table de survie donne ce que les mathématiciens ont appelé la *vie moyenne*. Or, il est à remarquer que cette vie moyenne, ainsi déterminée, ne coïncide même pas avec l'âge moyen des décédés de la mortuaire de fait, et que ni l'une ni l'autre valeur n'ont aucun rapport mathématique tant soit peu nécessaire avec le rapport des naissances à la population.

« L'erreur a deux causes de nature à tromper ceux auxquels la méthode mathématique n'est pas assez familière : d'abord, comme l'augmentation ou la diminution des naissances a la plus grande influence, non-seulement sur la mortalité générale, à cause de la faible vitalité des enfants, mais aussi sur l'âge moyen des décédés (que l'on confond assez volontiers avec la vie moyenne), il est résulté de là, comme vérification pratique, que, *grosso modo*, l'âge moyen des décédés calculé sur une mortuaire de fait et le rapport des naissances à la population se suivent à peu près, avec les mêmes oscillations, et les esprits plus pressés qu'exacts ont cru pouvoir adopter la mesure la plus expéditive pour la plus longue.

« D'autres ont été trompés par ceci, à savoir que dans une population, si tous les éléments, naissances et décès, à chaque âge sont immuables pendant un siècle et plus, ou si un mouvement continu, incessant, égal pour chaque âge se poursuit pendant un siècle et plus, alors l'analyse mathématique montre que l'âge moyen des décédés de la mortuaire de fait égale la vie moyenne, et que ces valeurs seront le plus souvent égales aussi au rapport des naissances à la population, ou au moins varieront avec ce rapport.

« Enfin, mon cher confrère, je ne prétends pas vous démontrer ici ce que j'avance, ce que j'affirme d'une façon absolue ; le rapport des naissances à la population n'a aucune relation *nécessaire* avec la vie moyenne.

« Mais, médecin, économiste quelque peu, je crois que la vie moyenne, ou si vous voulez la mortalité à chaque âge, mesure vraiment le bien-être ou le malaise des populations : Ainsi, un peu de malaise augmentera très-sensiblement la mortalité des premiers âges, un peu moins, mais encore celle des derniers, très-peu celle des âges mitoyens. Médecin, vous ne pouvez vous refuser à admettre cela, et statisticien, si vous voulez songer comme on calcule *la vraie* vie moyenne, vous verrez que cette valeur sera influencée très-notablement par cet excès de la mortalité des plus jeunes. Mais, dans un autre cas, le bien-être croissant, l'augmentation des naissances n'augmentera pas la mortalité des enfants et par conséquent la vraie *vie moyenne* augmentera. Cependant, la fausse vie moyenne, celle du rapport des naissances à la population diminuera !

« Je vous demande donc d'appeler chaque chose par son nom : dites-donc le rapport des naissances à la population, et ajoutez : mesurant la vie moyenne, et alors je vous accorderai très-volontiers que ce rapport ne mesure pas toujours le bien-être des populations.

« J'ai plus de prosélytes pour calculer la vie moyenne que vous ne pensez, ou plutôt je ne suis moi-même qu'un prosélyte de la seule méthode possible avec les données du problème tels qu'ils se présentent de notre temps, c'est-à-dire avec l'inégalité des naissances et des décès, avec des émigrations, des immigrations, enfin des perturbations de tout ordre, qui, depuis un siècle, troublent si profondément la régularité des mouvements de la population. Cette régularité est pourtant la seule base possible pour que le rapport des naissances à la population puisse être pris comme valeur de la vie moyenne.

« Je reviens, pour finir, à la vraie méthode : je l'exposerai au mot *table de survie* du grand Dictionnaire encyclopédique, que font Dechambre et Raige-Delorme. — Elle exige deux données :

« 1° Une liste des décès par âge pendant une période suffisamment longue ;

« 2° Une liste des vivants par âge de la même période.

« Quand ces documents manquent, il faut renoncer à avoir la vie moyenne, qui, d'ailleurs, au point de vue hygiénique et médical, n'est pas la meilleure mesure de la salubrité et du bien-être des populations.

« Agréez, etc.

« Bertillon, D.-M. »

Nous avons donné avec plaisir l'hospitalité dans le Bulletin de la Société médicale à la lettre de notre savant confrère. Elle ne fait que confirmer la légitimité de nos doutes

— 26 —

au sujet de la valeur de la vie moyenne telle que certains économistes accrédités l'ont proclamée. — Quant à obtenir la véritable vie moyenne du mathématicien, celle de M. Bertillon par exemple, où la puiser puisque les documents font défaut à peu près partout ? Et alors comment avoir confiance aux conclusions triomphantes de tant de calculateurs de bonne foi, qui nous assurent que la vie moyenne a démesurément grandi, puisqu'ils sont dans l'impuissance de s'en assurer ?

(Extrait du *Bulletin de la Société médicale de l'Yonne*).

Auxerre, typographie C. Gallot, imprimeur de la Société médicale.

MOUVEMENT DE LA POPULATION DANS L'YONNE.

1.

ANNÉES.	NAISSANCES.												RAPPORTS SEXUELS.					
	GARÇONS.						FILLES.						NOMBRE DE GARÇONS POUR 100 FILLES.					
	A.	A.	J.	S.	T.	Dépt.	A.	A.	J.	S.	T.	Dépt.	Auxerre	Avallon	Joigny.	Sens.	Tonnerr.	Départ¹
1856	1289	448	1139	816	416	4108	1342	456	1101	778	444	4121	96.05	98.24	103.45	104.88	93.69	99.68
1857	1261	450	1081	802	461	4055	1227	435	1128	792	420	4002	102.77	103.44	95.83	101.26	109.76	101.32
1858	1285	471	1158	861	420	4195	1202	475	1202	794	437	4170	101.82	99.15	96.33	108.43	96.10	100.59
1859	1459	514	1255	878	501	4607	1339	497	1279	820	435	4370	108.96	103.42	98.12	107.07	115.17	105.42
1860	1275	490	1216	798	437	4216	1328	464	1136	822	442	4192	96.00	103.60	107.04	97.08	98.86	100.57
TOTAUX	6569	2373	5849	4155	2235	21181	6498	2327	5846	4006	2178	20855	101.09	101.97	100.05	103.71	102.61	101.56

NOMBRE POUR CHAQUE SEXE, PAR ANNÉES ET PAR ARRONDISSEMENTS, D'ENFANTS NATURELS POUR 100 ENFANTS LÉGITIMES. **2.**

ANNÉES.	GARÇONS.					FILLES.					GARÇONS.					FILLES.					GARÇONS.					FILLES.				
	Naturels		TOTAL	Légitim.	Rapports	Naturelles		TOTAL	Légitim.	Rapports	Naturels		TOTAL	Légitim.	Rapports	Naturelles		TOTAL	Légitim.	Rapports	Naturels		TOTAL	Légitim.	Rapports	Naturelles		TOTAL	Légitim.	Rapports
	R.	N.R.				R.	N.R.				R.	N.R.				R.	N.R.				R.	N.R.				R.	N.R.			
	Auxerre.										Avallon.										Joigny.									
1856	24	25	49	1240	3.95	16	30	46	1296	3.54	7	3	10	432	2.26	16	3	19	437	4.34	35	29	64	1075	5.95	34	20	54	1047	5.15
1857	23	26	51	1210	4.21	16	29	45	1184	3.68	4	5	9	441	2.04	3	9	12	423	2.83	18	28	46	1035	4.44	17	39	56	1072	5.22
1858	28	25	53	1406	3.76	19	28	57	1205	4.73	4	3	7	464	1.50	6	4	10	465	2.15	20	32	52	1106	4.70	38	28	66	1136	5.80
1859	28	25	53	1406	3.76	19	30	49	1290	3.79	7	2	9	505	1.78	6	6	12	485	2.47	47	40	87	1168	7.44	32	48	80	1199	6.67
1860	24	21	45	1230	3.65	17	18	35	1293	2.70	6	4	10	480	2.08	5	3	8	456	1.75	35	30	65	1151	5.64	31	44	75	1061	7.06
	129	128	257	6512	4.07	104	126	230	6268	3.66	28	17	45	2328	1.93	26	25	61	2266	2.69	155	159	314	5555	5.67	149	182	331	5515	6.00
	Sens.										Tonnerre.										Département.									
1856	14	21	35	781	4.48	26	13	39	759	5.27	5	2	7	409	1.71	2	2	4	440	0.89	85	80	163	3945	4.18	91	71	162	3959	4.09
1857	16	23	39	763	5.11	16	23	59	753	5.17	3	9	12	449	2.67	3	7	10	410	2.43	66	91	157	3898	4.02	62	96	158	3844	4.11
1858	26	17	43	818	5.25	22	20	42	752	5.58	3	4	7	413	1.69	9	4	13	424	3.06	81	87	168	4027	4.17	104	84	188	3982	4.72
1859	24	34	58	820	7.07	20	30	50	770	6.49	6	5	11	450	2.24	3	14	19	416	4.56	112	106	218	4389	4.96	82	128	210	4160	5.04
1860	19	18	37	761	4.85	18	19	37	785	4.71	6	6	12	425	2.82	2	3	5	437	1.14	90	79	169	4047	4.17	73	87	160	4032	3.96
	99	113	212	3943	5.37	102	105	207	3799	5.44	23	26	49	2186	2.24	21	30	51	2127	2.39	434	443	877	20304	4.31	412	466	878	19977	4.39

Enfants légitimes. — Comparaisons et Différences entre les deux sexes, par années et par arrondissements. **3.**

ANNÉES.	AUXERRE.					AVALLON.					JOIGNY.					SENS.					TONNERRE.					DÉPARTEMENT.				
	Garçons	Filles	Différence		Excédant	Garçons	Filles	Différence		Excédant	Garçons	Filles	Différence		Excédant	Garçons	Filles	Différence		Excédant	Garçons	Filles	Différence		Excédant	Garçons	Filles	Différence		Excédant
			G.	F.				G.	F.				G.	F.				G.	F.				G.	F.				G.	F.	
1856	1289	1342	»	53	Filles	448	456	»	8	Filles	1139	1101	38	»	Garçons	816	778	38	»	Garçons	416	444	»	28	Filles	4108	4121	»	13	Filles
1857	1261	1227	34	»	Garçons	450	435	15	»	Garçons	1081	1128	»	47	Filles	802	792	10	»	Garçons	461	420	41	»	Garçons	4055	4002	53	»	Garçons
1858	1285	1202	23	»	Garçons	471	475	»	4	Filles	1158	1202	»	44	Filles	861	794	67	»	Garçons	420	437	»	17	Filles	4195	4170	25	»	Garçons
1859	1459	1339	120	»	Garçons	514	497	17	»	Garçons	1255	1279	»	24	Filles	878	820	58	»	Garçons	501	435	66	»	Garçons	4607	4370	237	»	Garçons
1860	1275	1328	»	53	Filles	490	464	26	»	Garçons	1216	1136	80	»	Garçons	798	822	»	24	Filles	437	442	»	5	Filles	4216	4192	24	»	Garçons
	6569	6498	177	106	71	2373	2327	58	12	46	5849	5846	118	115	3	4155	4006	173	24	149	2235	2178	107	50	57	21181	20855	339	13	326

MOUVEMENT DE LA POPULATION DANS L'YONNE.

Enfants naturels. — *Comparaisons et différences entre les deux sexes, par années et par arrondissements.* 4.

ANNÉES.	Auxerre.				Avallon.					Joigny.					Sens.					Tonnerre.					Département.				
	Garçons.	Filles.	Différence G./F.	Excédant	Garçons.	Filles.	Différence G.	F.	Excédant	Garçons.	Filles.	Différence G.	F.	Excédant	Garçons.	Filles.	Différence G.	F.	Excédant	Garçons.	Filles.	Différence G.	F.	Excédant	Garçons.	Filles.	Différence G.	F.	Excédant
1856	49	46	3	»	10	19	»	9	Filles : 26	64	54	10	»	Filles : 17	35	39	»	4	Garçons : 5	7	4	3	»	Filles : 16	165	162	3	»	Filles : 1
1857	51	43	8	»	9	12	»	3		46	56	»	10		39	39	»	»		12	10	2	»		157	158	»	1	
1858	59	57	2	»	7	10	»	3		52	66	»	14		43	42	1	»		7	13	»	6		168	188	»	20	
1859	53	49	4	»	9	12	»	3		87	80	7	»		58	50	8	»		11	19	»	8		218	210	8	»	
1860	45	35	10	»	10	8	2	»		65	73	»	10		37	37	»	»		12	5	7	»		169	160	9	»	
	257	230	27	»	45	61	2	18		314	331	17	34		212	207	9	4		49	51	12	14		877	878	20	21	

TOTAL DES NAISSANCES NATURELLES ET LÉGITIMES, ET NOMBRE D'ENFANTS NATURELS PAR 100 ENFANTS LÉGITIMES. 5.

ANNÉES.	Auxerre.				Avallon.				Joigny.				Sens.				Tonnerre.				Département.			
	NAISSANCES nat.	légit.	TOTAL.	RAPPORT.	NAISSANCES nat.	légit.	TOTAL.	RAPPORT.	NAISSANCES nat.	légit.	TOTAL.	RAPPORT.	NAISSANCES nat.	légit.	TOTAL.	RAPPORT.	NAISSANCES nat.	légit.	TOTAL.	RAPPORT.	NAISSANCES nat.	légit.	TOTAL.	RAPPORT.
1856	95	2556	2651	3.74	29	875	904	3.30	118	2122	2240	5.55	74	1530	1594	4.87	11	849	860	1.30	317	7902	8229	4.13
1857	94	2394	2488	3.96	21	864	885	2.43	103	2107	2200	4.83	78	1516	1594	5.14	22	859	881	2.55	345	7742	8057	4.06
1858	116	2431	2547	4.77	17	929	946	1.82	118	2242	2360	5.23	85	1570	1655	5.41	20	857	877	2.57	356	8009	8365	4.44
1859	102	2696	2798	3.77	21	990	1011	2.12	167	2367	2534	7.05	108	1590	1698	6.78	30	906	936	3.40	428	8549	8977	5.00
1860	80	2523	2603	3.17	18	936	954	1.91	140	2212	2352	6.35	74	1546	1620	4.78	17	862	879	1.98	329	8079	8408	4.06
	487	12580	13067	3.86	106	4594	4700	2.34	645	11050	11695	5.83	419	7742	8161	5.40	100	4313	4413	2.31	1755	40281	42036	4.35

NOMBRE D'ENFANTS LÉGITIMES POUR 1 ENFANT NATUREL. 6.

ARRONDISSEMENTS.	NAISSANCES		RAPPORTS.
	LÉGITIMES.	NATURELLES.	
Auxerre	12580	487	25.83
Avallon	4594	106	43.33
Joigny	11050	645	17.13
Sens	7742	419	18.47
Tonnerre	4313	100	43.13
Département	40281	1755	22.95

MOUVEMENT DE LA POPULATION DANS L'YONNE.

PROPORTION DES NAISSANCES AUX MARIAGES.

ARRONDISSEMENTS.	1856.			1857.			1858.			1859.			1860.			1856-60.			OBSERVATIONS.
	Naissances.	Mariages.	Rapport.	Naissances.	Mariages.	Rapport.	Naissances.	Mariages.	Rapport.	Naissances.	Mariages.	Rapport.	Naissances.	Mariages.	Rapport.	Naissances.	Mariages.	Rapport.	
Auxerre	2631	862	3.05	2488	889	2.79	2547	985	2.58	2796	1010	2.77	2605	865	3.00	13067	4611	2.83	
Avallon.	904	296	3.05	885	321	2.75	946	358	2.64	1011	385	2.62	954	290	3.28	4700	1650	2.84	
Joigny	2240	738	3.03	2209	759	2.91	2360	842	2.80	2334	784	3.25	2552	718	3.27	11695	3841	3.04	
Sens	1594	561	2.84	1594	582	2.73	1655	577	2.86	1698	564	3.01	1620	476	3.40	8161	2760	2.95	
Tonnerre	860	308	2.79	881	327	2.69	857	340	2.52	936	350	2.67	879	311	2.82	4413	1636	2.69	
Département . . .	8229	2765	2.97	8057	2878	2.79	8365	3102	2.69	8977	3093	2.90	8408	2660	3.16	42036	14498	2.89	

PROPORTION DES NAISSANCES AUX DÉCÈS.

ANNÉES.	NOMBRE DE DÉCÈS SUR 1,000 NAISSANCES.						OBSERVATIONS.
	Auxerre.	Avallon.	Joigny.	Sens.	Tonnerre.	Département.	
1856.	906	1077	879	978	1017	943	
1857.	939	1334	971	932	975	994	
1858.	1049	1281	978	874	1009	1016	
1859.	1118	1295	1108	1075	1059	1121	
1860.	961	882	786	806	825	859	
1856-60. .	997	1173	947	933	978	989	

PROPORTION DES MARIAGES A LA POPULATION.

NOTA. — La population est celle du dénombrement de 1856. — Auxerre : 117,999 hab.; — Avallon : 44,672 hab.; — Joigny : 97,387 hab.; Sens : 60,647 hab.; — Tonnerre : 42,529 hab.; — Département : 369,234 hab.

ANNÉES.	NOMBRE D'HABITANTS POUR UN MARIAGE.						OBSERVATIONS.
	Auxerre.	Avallon.	Joigny.	Sens.	Tonnerre.	Département.	
1856.	136.77	150.91	131.96	118.80	138.08	133.53	
1857.	132.62	139.16	128.30	114.51	130.03	128.29	
1858.	119.74	124.78	115.61	115.50	125.08	119.03	
1859.	116.73	116.03	124.16	118.16	121.51	119.37	
1860.	136.40	154.04	135.58	140.01	136.63	138.81	
1856-60. .	127.98	135.36	126.75	120.73	130.05	127.36	

MOUVEMENT DE LA POPULATION DANS L'YONNE.

MARIAGES SELON L'ÉTAT CIVIL. 10.

MARIAGES :	Auxerre.	Avallon.	Joigny.	Sens.	Tonnerre.	Département	PROPORTION o/o.
Entre garçons et filles	3793	1420	3148	2232	1332	11925	82.25
— garçons et veuves	128	51	129	83	19	450	3.11
— filles et veufs	407	122	325	262	137	1263	8.71
— veufs et veuves	283	57	239	183	108	860	5.93
TOTAUX	4611	1650	3841	2760	1636	14498	100.00

DÉCÈS SELON L'ÉTAT CIVIL. 11.

DÉCÈS :	AUXERRE.		AVALLON.		JOIGNY.		SENS.		TONNERRE.		DÉPARTEMENT.	
Garçons	3673		1564		3283		2197		958		11675	
Hommes mariés	2031	6547	803	2740	1773	5720	1171	3880	792	2166	6572	20953
Veufs	843		373		664		512		416		2806	
Filles	3077		1427		2740		1872		770		9886	
Femmes mariées	1952	6488	730	2777	1495	5362	1056	3742	775	2154	6008	20523
Veuves	1459		620		1127		814		609		4629	
TOTAUX		13035		5517		11082		7622		4320		41476

RÉCAPITULATION. 12.

	Auxerre.	Avallon.	Joigny.	Sens.	Tonnerre.	Département
Naissances	13067	4700	11695	8161	4413	42036
Mariages	4611	1650	3841	2760	1636	14498
Décès	13035	5517	11082	7622	4320	41476

N. B. Ces Tableaux sont dus à l'obligeance de M. BILLEAU, instituteur à Dracy.

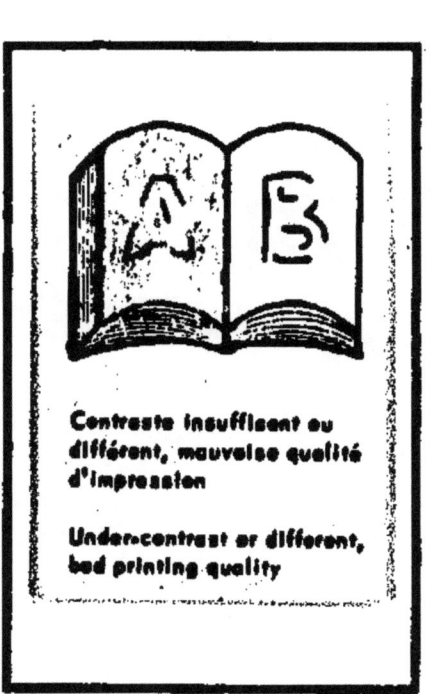

www.ingramcontent.com/pod-product-compliance
Lightning Source LLC
Chambersburg PA
CBHW060619050426
42451CB00012B/2324